# THIS BOOK BELONGS TO

**DESIGNED FOR YOU IN AMERICA**

I YOU

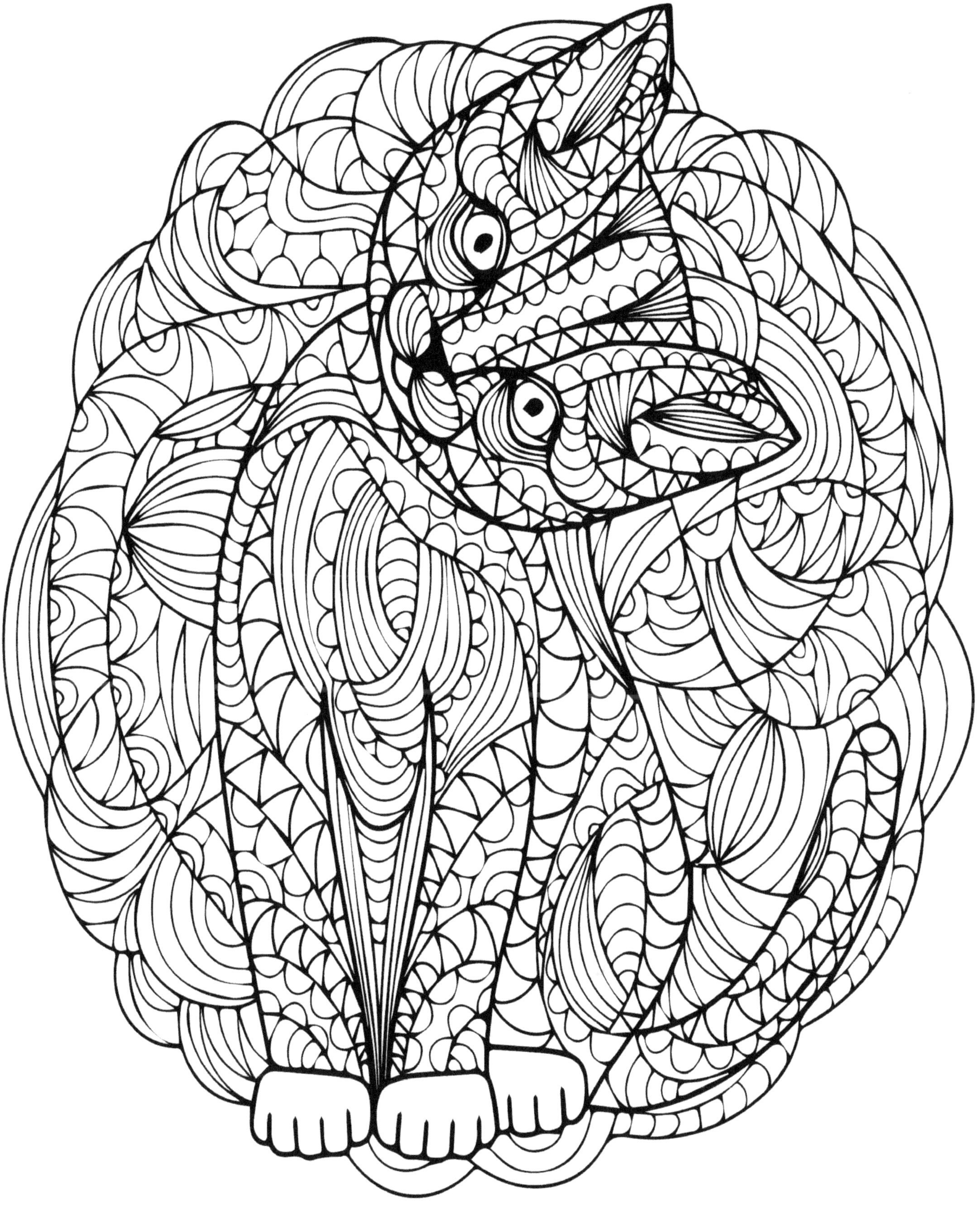

I LOVE
my
CAT

I am
cat
mother

MY
life
my

my
CAT
LOVE
me

Mom
Love
Your
MEW

THIS
IS A
CAT
WORLD

cat
is
MY
Life

I have
cat
power

www.ingramcontent.com/pod-product-compliance
Lightning Source LLC
Chambersburg PA
CBHW081359110225
21772CB00026B/485